Das Bürgerhaus

Endlich keine Arbeitslosen mehr in Deutschland

Friedemann Beck

1. Auflage 2013
2. überarbeitete Auflage 2014
© 2014 Friedemann Beck / Titelbild: Skizze des Autors
Herstellung und Verlag: Bod - Books on Demand, Norderstedt
Die Deutsche Nationalbibliothek verzeichnet diese Publikati-
on in der Deutschen Nationalbibliografie; detaillierte biblio-
grafische Daten sind im Internet über www.dnb.de abrufbar.
ISBN 9783732283934

Das Bürgerhaus

Endlich keine Arbeitslosen mehr in Deutschland

In Deutschland lässt es sich gut leben. Die Bürger- und Menschenrechte gewähren uns große Freiheit. Diese Rechte sind nicht nur schriftlich fixiert, sie werden auch umgesetzt. Wirtschaftlich gesehen nimmt Deutschland eine Vorreiterstellung in Europa ein. Trotzdem gibt es noch viele Verbesserungsmöglichkeiten. Wir haben eine ganze Menge Schrauben, an denen wir drehen könnten, um unseren Wohlstand und unsere Arbeitsleistung zu steigern und gerechter zu verteilen.

Ein großer Missstand ist zweifelsohne die Situation mit unseren 3 Millionen Arbeitslosen. Um Abhilfe zu schaffen, bietet der Staat den Arbeitslosen Geld an, ohne entsprechende Leistung dafür zu fordern. Dem Begriff nach müssten wir den Arbeitslosen aber nicht an erster Stelle Geld, sondern zunächst Arbeit bieten. Wir nennen diese Menschen ja nicht Geldlose, sondern eben Arbeitslose. Wie kann es denn sein, dass der Zahl von 3 Millionen Arbeitslosen durchschnittlich 800.000 offene Stellen[1] ge-

---

[1] Ca. 400 000 offene Stellen wurden in den letzten Jahren durchschnittlich den Arbeitsagenturen gemeldet. Die Zahl der nicht gemeldeten offenen Stellen entspricht ungefähr der Zahl der gemeldeten, also auch ca. 400 000. Vgl. www.lpb-

genüberstehen und diese nicht besetzt werden? Wie kann es sein, dass, ohne große Leistung zu fordern, Menschen fürs Nichtstun 25 Milliarden Euro im Jahr geboten werden? Geld, für das fleißig gearbeitet wurde und das durch Mühen, Ideen, Zeiteinsatz, Schweiß, Pünktlichkeit und Verlässlichkeit erwirtschaftet wurde. Deutschland kostet der Umgang mit unseren Arbeitslosen nicht nur 25 Milliarden Euro im Jahr. Wenn wir diese 25 Milliarden Euro in Arbeitsleistung umrechnen, bei einem Stundenlohn von 10€, verliert unser Land zusätzlich 2,5 Milliarden nicht geleistete Arbeitsstunden. Mit dieser Arbeitszeit könnte unser Land in vielen Bereichen auf Vordermann gebracht werden. Zu den weiteren Verlusten zählen die Einnahmeausfälle bei Steuern und Sozialbeiträgen von vielen Milliarden Euro durch nicht besetzte Stellen. Arbeitslosigkeit hat für unsere Gesellschaft aber nicht nur finanzielle Nachteile. Menschen, die händeringend und doch erfolglos nach Arbeit suchen, fühlen sich nutzlos und stecken in einer Krise. Besonders bei Langzeitarbeitslosen können psychische Probleme auftreten oder sie fühlen sich isoliert, da sie weniger am gesellschaftlichen Leben teilhaben. Manchmal verlieren sie ihre Selbstachtung. Häufig erfährt auch das familiäre Umfeld wegen Arbeitslosigkeit Beeinträchtigungen durch die Abnahme des Wohlstandes oder des sozialen Ansehens.

---

bw.de/hartz_IV.html [28.10.13]. Ende 2013 wurden knapp eine Million Arbeitsstellen angeboten.

Das Konzept Bürgerhaus

Diese Lektüre bietet ein Konzept, um die belastende Situation der Arbeitslosen zu verbessern und die negativen Folgen für unsere Gesellschaft weiter zu verringern. Ich nenne es „Konzept Bürgerhaus". Der Gedanke ist folgender: Selbstverständlich sorgt der Staat für Menschen, die sich schwer tun Arbeit zu finden. Damit Arbeitslose versorgt sind, beziehen sie genau dieselben finanziellen Leistungen, die sie heute schon erhalten. Dafür gehen sie jedoch in ein vom Staat vorgehaltenes Bürgerhaus und bringen ihre Leistung. Im Bürgerhaus werden Arbeits- oder Fortbildungsmöglichkeiten angeboten. Wer die Arbeits- und Fortbildungsangebote nicht wahrnimmt, bekommt auch kein Geld. Dasselbe Prinzip wie bei jeder Arbeitsstelle. Die Auswirkungen und die Vorteile für unsere Gesellschaft wären enorm:

1. Keine Arbeitslosen

Wir hätten keine Arbeitslosen, da sie entweder im Bürgerhaus mit Arbeit versorgt werden oder sich dort fortbilden. Anstatt Arbeitslosen hätten wir dann Arbeitende oder sich Fortbildende. Einige werden aufgrund des „Konzeptes Bürgerhaus" Vorzüge im Arbeiten außerhalb des Bürgerhauses sehen und deshalb das Bürgerhaus meiden, die noch offenen Arbeitsstellen im Land besetzen und keine Leistungen vom Staat in Anspruch nehmen.

2. Mehr Arbeitsleistung im Land

Durch die Arbeit im Bürgerhaus hätten wir für viele Millionen Euro zusätzliche Arbeitsleistung im Land.

3. Mehr Geld für Sinnvolles im Land

Aus verschieden Gründen, die weiter unten dargestellt werden, melden sich aufgrund des „Konzeptes Bürgerhaus" viel weniger Menschen arbeitslos bzw. im Bürgerhaus an. Das reduziert Kosten und so steht dem Staat und damit jedem einzelnen Bürger mehr Geld für sinnvollere Aufgaben zur Verfügung, als Menschen fürs Nichtstun zu bezahlen.

4. Soziale und kulturelle Vorteile für unser Land

Vom Arbeitslosen ohne Schulabschluss bis zum arbeitslosen Akademiker, Menschen aller Bildungsschichten und verschiedener kultureller Herkunft würden sich in den Bürgerhäusern treffen. Durch das „Konzept Bürgerhaus" stehen sie alle im Kontakt miteinander, tauschen sich aus, lernen von einander, geben sich gegenseitig Ratschläge, arbeiten miteinander oder bilden sich fort. Ihr gemeinsames Schicksal der Arbeitssuche könnte sie miteinander verbinden. Diese Lebensmöglichkeit könnte eventuell manches Resignieren verhindern, andere vor gähnender Langeweile bewahren, die vielleicht nicht immer zu besonders sinnvollem Handeln führt. Durch das Bürgerhaus würden Arbeitslose näher in der Mitte der Gesellschaft stehen, ihren Beitrag für die Gesellschaft leisten, hätten einen höheren Bildungsstand und würden somit unsere Kultur positiver beeinflussen.

Gedanken und Einschätzungen zum „Konzept Bürgerhaus"

Im Folgenden wird nun versucht, das oben dargestellte „Konzept Bürgerhaus" etwas detaillierter darzustellen. Während vom Autor das „Konzept Bürgerhaus" im gesamten als eine großartige Verbesserung der Arbeitslosensituation in Deutschland angesehen wird, beruhen die Angaben über die Reduktion von Arbeitslosenzahlen auf Vermutungen und basieren nicht auf einer wissenschaftlichen Grundlage. Ebenso stützt sich die Beurteilung wie Menschen handeln würden, wenn sie Arbeitslosengeld nur im Zusammenhang mit Arbeit oder Fortbildung im Bürgerhaus erhalten könnten, allein auf persönliche Mutmaßungen des Autors.

Gedanken, Einschätzungen und Zahlen zu den Arbeitslosen

Die Zahl der Arbeitslosen wird sich durch das „Konzept Bürgerhaus" von den heute 3 Millionen arbeitslosen Menschen auf 2,3 Millionen reduzieren. Dies hat folgende Gründe:

1. Es wird ein Teil der 800.000 offenen Stellen besetzt werden, weil die Arbeitslosen ja ohnehin arbeiten müssen und viele es dann vorziehen werden, eine Stelle anzutreten, wo sie mehr Geld in gleicher Zeit erhalten als im Bürgerhaus. Das sozial höhere Ansehen beim Arbeiten außerhalb des

Bürgerhauses wird ein weiterer Motivationsfaktor sein, sich selbst eine Stelle zu suchen. Eine weite Fahrt zu einer Arbeitstelle wird dann ein geringerer Hinderungsgrund sein eine Stelle anzunehmen, da man für den Aufenthalt im Bürgerhaus diesen Aufwand der Fahrzeit ohnehin auf sich nehmen muss. Der Autor geht hier von einer möglichen Reduktion der Arbeitslosenzahl von 250.000 aus.

(Arbeitslose werden wahrscheinlich durch das „Konzept Bürgerhaus" Arbeitsstellen außerhalb des Bürgerhauses bevorzugen, weil sie dort eventuell mehr Geld erhalten oder ein besseres soziales Ansehen genießen: Reduktion der Arbeitslosenzahl um 250.000).

2. Dadurch, dass Arbeitslose im Bürgerhaus auch ständig arbeiten oder weitergebildet werden, erleichtert sich die Wiedereingliederung in das Arbeitsleben außerhalb des Bürgerhauses enorm: Langjährig Arbeitslose sind jeden Tag herausgefordert und es dann gewohnt Leistung zu bringen. Für sie ist es dann selbstverständlich, pünktlich aufzustehen und sich mit der Gesellschaft und anderen Menschen auseinanderzusetzen. Ihr Bildungsniveau wäre dann weitaus höher anzusiedeln, als das jetzt der Fall ist, weil zum Beispiel drei Jahre Arbeitslosigkeit bzw. drei Jahre im Bürgerhaus drei Jahre Bildung oder durchgehendes Arbeiten bedeuten würden. Mehr Bildung bedeutet gleichzeitig mehr Chancen auf dem Arbeitsmarkt. Momentan ist die Lage in Deutschland derart, dass wir zum Beispiel Ingenieure und Informatiker aus

dem Ausland holen müssen, um unsere Stellen im Land zu besetzen. Das muss nicht so sein, wenn wir unsere eigenen Leute ausreichend bilden. Viele Firmen stellen Langzeitarbeitslose oft nur deshalb nicht mehr ein, weil sie schon zu lange arbeitslos waren. Dass Menschen lange „draußen" sind, also weg vom Arbeits- oder Bildungsleben, würde das Bürgerhaus komplett verhindern. Durch die schnellere Wiedereingliederung schätzt der Autor hier eine weitere mögliche Reduktion der Arbeitslosenzahl um 250.000.

(Durchgehende Arbeit und Bildung: Firmen stellen leichter und schneller Arbeitslose ein: Reduktion der Arbeitslosenzahl um 250.000).

3. Es gibt Leute, die sich arbeitslos melden, aber ohnehin nicht arbeiten wollen und finanziell auch nicht auf die momentane Höhe der Unterstützung angewiesen sind. Wenn sie für finanzielle Unterstützung ins Bürgerhaus müssten, würden einige es sich überlegen, ob sie die Unterstützung überhaupt in Anspruch nehmen sollten. Solche Leute leben in größeren Sozial- oder Familiengemeinschaften, die sie finanziell mittragen. Die Arbeitsagenturen verhängen jedes Jahr weit über 800.000 Strafen, weil Arbeitslose Meldefristen nicht einhalten, nicht beim Jobcenter erscheinen oder weil sie die Aufnahme oder Fortführung einer Arbeit, Ausbildung oder Weiterbildungsmaßnahme verweigern oder gegen andere Vereinbarungen verstoßen. Mehr als 800.000 Arbeitslose nehmen also finanzielle Sanktionen in Kauf, indem sie sich

nicht an die Regeln halten. 2012 wurden über 138.000 Strafen verhängt, weil die Betroffenen die Aufnahme oder Fortführung einer Arbeit, Ausbildung oder Ausbildungsmaßnahme verweigerten[2]. Das belegt, dass ein Teil der Arbeitslosen nicht auf die Unterstützung oder zumindest nicht auf die angebotene Höhe der Unterstützung angewiesen ist. Ebenso ist hier die Frage gestattet, ob Menschen, die Termine im Jobcenter nicht wahrnehmen, Weiterbildungsmaßnahmen oder die Aufnahme einer Arbeit verweigern, überhaupt arbeiten wollen oder ob sie nicht nur bequem an Geld kommen möchten. Das Bürgerhaus wäre hier das ideale Werkzeug um zu erkennen, wer wirklich engagiert nach Arbeit sucht und wer nicht arbeiten will. Wenn eine Arbeit einem Arbeitslosen nicht gefällt, kann es nicht die Aufgabe der Gesellschaft sein, ihn solange zu unterstützen, bis er seinen Traumjob gefunden hat. Erhält ein Arbeitsloser eine Stelle, kann er sein Geld verdienen und sich solange nebenher weiter bewerben, bis er seine Idealstelle bekommen hat. Aufgrund der 138.000 Strafen, die verhängt werden, weil Arbeitslose Arbeit und Weiterbildung verweigern, sieht der Autor hier eine Möglichkeit der Reduzierung der Arbeitslosenzahl von 130.000.

(Arbeitslose, die nicht arbeiten wollen und möglicherweise auch nicht auf finanzielle Unterstützung angewiesen sind, werden auch nicht arbeiten. Ei-

---

[2] http://m.manager-magizin.de/politik/deutschland7a-826909.html [28.10.13].

nige jedoch, wenn sie dann mittellos sind, suchen sich so eigenständig eine Arbeitsstelle: Reduktion der Arbeitslosen um 130.000).

4. Es gibt weitere Arbeitlose, die in ihrer freien Zeit schwarzarbeiten. Wenn aber Menschen für den Erhalt von Arbeitslosengeld ins Bürgerhaus müssen, reduziert sich die Zeit drastisch, in der sie überhaupt nebenher schwarzarbeiten können. Solche Leute müssen sich dann entweder für das Bürgerhaus oder ihre Schwarzarbeit entscheiden. Beides gleichzeitig ist dann nicht mehr so leicht möglich. Das „Konzept Bürgerhaus" wäre damit auch ein Werkzeug, um Schwarzarbeit zu bekämpfen. Wer Arbeitslosengeld erhält, nebenher schwarzarbeitet und dabei erwischt wird, sollte keinen Anspruch mehr auf Arbeitslosengeld bekommen. 2010 wurden 59.000 Fälle wegen Verdachts auf Schwarzarbeit während des Bezuges von Arbeitslosengeld an die zuständige Zollverwaltung weitergegeben. In einem Spiegel-Artikel werden 2,4% der Arbeitslosen erwähnt, die heimlich dazuverdienen.[3] Das wären bei 3 Millionen Arbeitslosen über 70.000 Schwarzarbeiter. Durch den Ausschluss der Schwarzarbeiter im Zusammenhang mit dem Bezug von Arbeitslosengeld könnte nach Schätzungen des Autors die Zahl der Arbeitslosen um weitere 70.000 reduziert werden. *(Kein*

---

[3] http://www.spiegel.de/wirtschaft/soziales/hartz-iv-debatte-wie-die-spd-arbeitslose-als-faul-diffamiert-hat-a-933238.html [25.11.13].

Arbeitslosengeld für Schwarzarbeiter: Reduktion der Arbeitslosen um 70.000).

5. Aus dem „Konzept Bürgerhaus" ergeben sich einige neue Arbeitsstellen bzw. Aufgaben, die anstatt Geld ohne Leistung zu erhalten, eben abgeleistet werden: Das sind Reinigungs-, Unterhalts-, Verwaltungs- und Hausmeisteraufgaben bezüglich der Bürgerhäuser. Vorstellbar sind auch kleine Mensas in den Bürgerhäusern, die bedient werden. Weitere Aufgaben ergeben sich in der Bildungsarbeit in den Bürgerhäusern. Des Weiteren könnten auch zusätzliche Arbeiten außerhalb der Bürgerhäuser angeboten werden, z.b. Stadtreinigungsarbeiten. Wir sollten hier auch mal festhalten, dass Arbeit nicht nur für gut ausgebildete Menschen vorgehalten werden kann. Unser Land ist teilweise an bestimmten Parkplätzen, Straßenrändern, oft auch in Parkanlagen oder in unserer Natur erschreckend mit Müll übersät. Hier das Potenzial von Menschen einzusetzen, die ohnehin Geld erhalten, bedarf keiner langen Ausbildungszeit. Oder zum Beispiel ein Kontrolleur, der Baustellen und Firmen besucht um festzustellen, ob schwarzgearbeitet wird, könnte in 8 Wochen für diese eine Aufgabe spielend ausgebildet werden. Solche zusätzlichen Arbeitsleistungen und Mitarbeit würde unser Land auf ein höheres kulturelles Niveau bringen.

Durch die Besetzung der offenen Stellen, durch ununterbrochene Arbeit und Bildung der Arbeitslosen, durch die Reduzierung der Schwarzarbeit von

Arbeitslosen, durch das Nichtbezahlen von Arbeitsunwilligen, durch mehr Arbeitsleistung im Land, durch weniger sozialpsychologische Probleme von Langzeitarbeitslosen und durch die Investition von 12 Milliarden Euro für den Bau von 2900 Bürgerhäusern würde die Wirtschaft insgesamt gestärkt, sodass der Arbeitsmarkt weitere Arbeitsstellen hervorbringen würde. Diese Stärkung der Wirtschaft könnte also eine weitere Reduktion der Arbeitslosenzahl mit sich bringen. Dass durch die genannten Maßnahmen langfristig 650.000 Stellen von 800.000 offenen Stellen besetzt werden und 50.000 Arbeitslose, die auf das Arbeitslosengeld gar nicht angewiesen sind, kein Arbeitslosengeld mehr beantragen werden oder sich ein Teil der Arbeitslosen dann selbstständig machen wird, ist sicherlich nicht unrealistisch. Durch die Reduzierung der Zahl der Arbeitslosen um 700.000 von 3 Millionen auf 2,3 Millionen würde sich eine Einsparung von Unterstützungsleistungen von 6 Milliarden Euro im Jahr ergeben.

Zusammenstellung der Reduktion der Arbeitslosenzahl und deren Ursachen

1. Arbeitslose werden wahrscheinlich durch das „Konzept Bürgerhaus" Arbeitsstellen außerhalb des Bürgerhauses bevorzugen, weil sie dort eventuell mehr Geld erhalten oder ein besseres soziales Ansehen genießen: Reduktion der Arbeitslosenzahl um	250.000
2. Durchgehende Arbeit und Bildung: Firmen stellen leichter und schneller Arbeitslose ein: Reduktion der Arbeitslosenzahl um	250.000
3. Arbeitslose, die nicht arbeiten wollen und möglicherweise auch nicht auf finanzielle Unterstützung angewiesen sind, werden auch nicht arbeiten. Einige jedoch, wenn sie dann mittellos sind, suchen sich dann eine Stelle außerhalb des Bürgerhauses: Reduktion der Arbeitslosen um	130.000
4. Kein Arbeitslosengeld für Schwarzarbeiter: Reduktion der Arbeitslosen um	70.000
Summe Reduktion der Arbeitslosenzahl um	**700.000**

Tabelle 1

Weitere Gedanken, Einschätzungen und Zahlen zum Bürgerhaus

2,3 Millionen Arbeitslose würden sich täglich in den Bürgerhäusern aufhalten. Das könnten 400 Personen pro Bürgerhaus in einer Stadt sein. Die Anwesenheitspflicht im Bürgerhaus würde entsprechend der geringen Bezahlung 20 Wochenstunden betragen bzw. einer 50% Stelle entsprechen. Dadurch könnten die Bürgerhäuser in 2 Schichten belegt werden, eine Morgen- und eine Nachmittagsschicht. Die nur 20 Wochenstunden im Bürgerhaus würden auch genügend zeitlichen Spielraum für die weitere Arbeitsplatzsuche und Bewerbungsgespräche bieten.

Bei 8 Arbeitsräumen oder Lehrsälen à 50 Personen (oder 16 Räume à 25 Personen…) in einem Bürgerhaus kann man von 4 Millionen Euro pro Bürgerhaus für die Herstellungskosten und Grundstück inklusive Einrichtung und die Technik für die Bildung ausgehen. Durch die Zwei-Schichten-Belegung bräuchte Deutschland 2900 solcher Bürgerhäuser, die in den größeren Städten vorgehalten werden. Hier hätten wir Investitionskosten von 2900 x 4 Millionen Euro, das ergibt aufgerundet 12 Milliarden Euro.

Gemeldete Arbeitslose bekommen einen staatlichen Freifahrschein, gültig an Werktagen für alle öffentlichen Verkehrsmittel zwischen ihrem Wohnort und dem nächstliegenden Bürgerhaus, damit sie finanziell nicht stärker belastet werden als heute. Für die Anwesenheitspflicht in den Bürgerhäusern ist ein Zeiterfassungssystem vorstellbar mit einer Karte, die die Anwesenheit der Arbeitslosen im Bürgerhaus erfasst. Nichtanwesenheit führt wie in der freien Wirtschaft auch zur Kündigung der Stelle bzw. des Arbeitslosengeldes. Krankmeldungen funktionieren wie in der freien Wirtschaft.

Ideen zur Arbeit und Bildung in den Bürgerhäusern

Im Bürgerhaus werden verschiedene Module oder Kurse angeboten, die entweder aus Arbeit oder Bildung bestehen und die geleistet werden müssen. Arbeitstellen im Bürgerhaus müssen zuerst besetzt werden. Wenn die Arbeitstellen im Bürgerhaus beleget sind, werden die Bildungskurse verpflichtend.

Arbeit, die im Bürgerhaus angeboten wird, versteht sich nur als zusätzliche Arbeit, bisherige staatliche und andere Stellen bleiben davon unberührt. Wie oben schon beschrieben, entsteht schon durch die Existenz der Bürgerhäuser Arbeit, die die Arbeitslosen dann ableisten: Das sind Reinigungs- Unterhalts- Verwaltungs- und Hausmeisteraufgaben bezüglich der Bürgerhäuser. Angebote für die Verpflegung in den Bürgerhäusern sind ebenfalls vorstellbar. Darüber hinaus sind Stadt- und Landreinigungsaufgaben denkbar, ebenso Landschaftspflege oder soziale Arbeiten. Kommunen und Gemeinden könnten hier freie Entscheidungsmöglichkeiten haben, um Arbeit und Aufgaben vorzuhalten. Vorstellbar wären auch frei abrufbare Arbeitskräfte für besondere Anlässe wie Mithilfe bei Stadtfesten, Wahlhelfer, Winterdienste oder die Unterstützung bei anderen besonderen Ereignissen. Weitere Aufgaben ergeben sich in der Organisation der Bildungsarbeit in den Bürgerhäusern.

Wenn keine Arbeit vorgehalten werden kann, sind für die Arbeitslosen Fortbildungskurse verpflichtend. Heutzutage ist es nicht mehr notwendig, Lehrer direkt vor Ort zu haben. Die Kurse könnten über Beamer und Leinwand angeboten werden. Die Fortbildungskurse könnten auf elektronischen Speichermedien vorgehalten werden und dort einfach abrufbar sein. Es ist auch ein Fernunterricht von einer Zentrale aus vorstellbar. Fernstudienzentren existieren bereits und es könnte auch auf vorhandene Vorbilder oder vorhandene Strukturen zurückgegriffen werden.

Inhaltlich gibt es hier alle Möglichkeiten: Zuerst stehen solche Fortbildungen im Angebot, die sich auf den Bedarf in der Arbeitswelt beziehen, z.B. im Bereich Altenpflege oder Informatik. Auch Prüfungen könnten elektronisch erfolgen in Zusammenarbeit mit Betreuern. Theorie-Unterricht für unzählige Berufe ist vorstellbar bis hin zum Erreichen des Abschlusses der Hauptschule, Realschule oder der Allgemeinen Hochschulreife. Kurse wie Deutsch und Rechtschreibung für Migranten wären denkbar. Kurse könnten auch einfach Kurse allgemeinbildender Art sein, zum Beispiel das Grundgesetz und die Menschen- und Bürgerrechte in Deutschland.

Die Arbeit der Arbeitsagenturen

Im Zusammenhang mit dem „Konzept Bürgerhaus" würden die Arbeitsagenturen ihre wertvolle Arbeit wie bisher weiterführen. Da sie jedoch durch das „Konzept Bürgerhaus" ca. 700 000 weniger Arbeitslose zu betreuen hätten, wären zeitliche Spielräume da, um die Bürgerhäuser zu begleiten und die Fortbildungsangebote bzw. den Fernunterricht in den Bürgerhäusern zu organisieren. Notwendig wäre natürlich auch die Leitung der Bürgerhäuser. Diese könnten zum Beispiel zunächst von den Arbeitsagenturen geführt werden, nach und nach könnten aber solche Stellen von gemeldeten Arbeitslosen besetzt werden, die eine entsprechende Eignung aufweisen. Die Bereitstellung eines Bürgerhauses für Arbeitssuchende wäre die Pflicht einer entsprechend großen Stadt. Das Geld für die Bürgerhäuser kommt von den Arbeitsagenturen, da diese, wenn sie weniger Arbeitslosengeld auszahlen müssten, durch das „Konzept Bürgerhaus" finanzielle Mittel zur Verfügung hätten. Sinnvoll wäre hier eine Finanzierung über Kredite, damit sich die Anschaffungskosten der Bürgerhäuser auf mehrere Jahre verteilen.

Zusammenstellung der Einsparungen und Kosten des „Konzeptes Bürgerhaus"

Einsparung von Arbeitslosengeld durch 700 000 weniger Arbeitslose:	-6.000.000.000 €
Kosten für die Bürgerhäuser (12 Milliarden €), umgerechnet auf eine Finanzierung über 30 Jahre. Finanzierungskosten jährlich:	800.000.000 €
Unterhaltskosten Bürgerhäuser jährlich:	250.000.000 €
Kosten für die Bildung in den Bürgerhäusern jährlich:	150.000.000 €
Einsparung pro Jahr:	**-4 800.000.000 €**

Tabelle 2

Deutschland würde durch das „Konzept Bürgerhaus" jedes Jahr 4,8 Milliarden Euro einsparen! Wenn von den 700.000 weniger gemeldeten Arbeitslosen 650.000 eine Stelle außerhalb des Bürgerhauses zum Beispiel in der freien Wirtschaft annähmen, wären weitere Mehreinnahmen durch

Steuern und Sozialversicherungsbeiträge von über 4,2 Milliarden € im Jahr zu erwarten. Das ergäbe dann einen Gesamtvorteil für Deutschland gegenüber der heutigen Arbeitslosensituation von jährlich über 9 Milliarden €.

Schlussbemerkung des Autors

Seit vielen Jahren bin ich in der freien Wirtschaft tätig, mehrere Jahre als Ingenieur (FH) und einige Jahre als Software-Systemberater. Momentan besuche ich mehr als 400 klein- und mittelständische Betriebe pro Jahr im südlichen Baden-Württemberg. Dabei werden Arbeitsprozesse analysiert, um festzustellen, ob mit einer entsprechenden Software Arbeits- und Verwaltungszeit eingespart werden kann. Auch Zeiterfassungssysteme und Mitarbeiterzahlen spielen dabei eine Rolle. In Gesprächen mit Betriebsleitern erfahre ich dann auch einiges über den Arbeitsmarkt und auch manches über Arbeitslose in unserem Land.

Ohne Zweifel haben wir engagierte Arbeitssuchende in Deutschland. Und es ist sicherlich eine deprimierende Lebenslage, wenn man trotz vieler Bewerbungen Monat um Monat, Jahr um Jahr nur Absagen und keine Arbeitsstelle erhält. Zusätzlich werden aber die ernsthaft Arbeitssuchenden durch das Verhalten von arbeitsunwilligen Menschen in ein schlechtes Licht gestellt. Von vielen Betriebsleitern höre ich, dass häufig Arbeiter, die von den Arbeitsagenturen geschickt werden, aufgrund ihrer Unpünktlichkeit, Unzuverlässigkeit oder Arbeitsunlust einem Betrieb mehr Schaden als Nutzen bringen und solche Leute oft untragbar seien. Bei manchen Arbeitslosen hätte man den Eindruck, dass sie sich schon bei Bewerbungsgesprächen oder in den ersten Tagen ihrer Anstellung mit Absicht so anstellten, damit sie wieder abgelehnt werden.

Das „Konzept Bürgerhaus" würde meiner Ansicht nach das Bild über die ernsthaft Arbeitssuchenden in ein besseres Licht rücken, weil Arbeitsunwillige keine so guten Möglichkeiten mehr hätten, ohne Leistung Geld zu erhalten.

Noch ein letzter Vorteil des „Konzeptes Bürgerhaus" möchte hier erwähnt sein. Deutschland ist ein reiches Land. Und Wohlstand steht im Zusammenhang mit einer großen Arbeitsleistung, die von Menschen in unserem Land erbracht wird. Untragbar ist daher auch die Situation für Asylbewerber, geduldete Ausländer und Flüchtlinge, die bei uns monate- oder auch jahrelang nicht arbeiten dürfen, obwohl viele von diesen Menschen sich gerne einbringen würden und auch gerne den Kontakt zur Gesellschaft hätten. Flüchtlinge, Asylbewerber und geduldete Ausländer wurden in den obigen Berechnungen und Zahlen bezüglich des „Konzeptes Bürgerhaus" noch nicht berücksichtigt. Trotzdem wäre das Bürgerhaus sicherlich auch für sie von Anfang an eine integrierende und motivierende Möglichkeit, an der Arbeit, Bildung und am gesellschaftlichen Leben in Deutschland teilzuhaben.

Der kulturelle Austausch im Bürgerhaus und das gemeinsame Arbeiten und Lernen, würde sicherlich auch manche Ghettobildung oder die eine oder andere extremistische Weltsicht oder Anschauung relativieren.

Eine wirkliche Umsetzung des „Konzeptes Bürgerhaus" in Deutschland würde natürlich eine große Anfangsinvestition bedeuten und die Auswirkungen der intensiveren Bildung von Menschen würden sich erst nach mehreren Jahren bemerkbar machen. Ich sehe jedoch Deutschland hier wie eine große Firma. Kein Betriebsleiter, der 100 Angestellte hat, würde 94 Leute arbeiten lassen und 6 fürs Nichtstun bezahlen. Entweder die 94 oder die 6 oder beide Gruppen würden so ein Konzept für ungerecht halten. Ein kluger Betriebsleiter würde immer Arbeit finden, um eine Firma mit vorhandener Arbeitskraft auf ein noch höheres Niveau zu bringen. Das „Konzept Bürgerhaus" könnte vielleicht so ein Werkzeug sein, das Deutschland noch einen weiteren Schritt nach vorne bringt.

Weitere Literatur des Autors: *Freiheit Sehnsucht Erfolg*, Taschenbuch, 64 Seiten.

Freiheit, Sehnsucht, Erfolg: Fünfzig Bilder und Sprüche
Nicht nur durch Arbeit, auch durch Ideen und Gedanken kann man viel erreichen. Denn die Gedanken und der Geist sind Kräfte ohnegleichen. Macht und Einfluss haben Worte, verändern die Welt an jedem Ort. Dieses Buch kann jeden berühren, liebt man die Freiheit. Die Sehnsucht ist groß, Träume zu leben und etwas zu verändern. Die Welt zu beeinflussen. Worte können es tun. Wenn du es willst.

Free Menschliche Freiheit, Taschenbuch, 216 Seiten.

Vier Jugendliche kämpfen für die Menschenrechte, gegen Gewalt und Unrecht. Sie müssen dabei erleben, dass sie selbst ins Netz der Ungerechtigkeit geraten und Unterdrückung und Folter erleiden. Durch ihre Aktion entstehen jedoch Veränderungen, die zum Nachdenken anregen. Erfolgreiches Handeln der vier Jugendlichen beruht auf dem Nachahmen großer Persönlichkeiten. Sie lassen sich inspirieren durch die Errungenschaften, Gedanken und Zitate von mehr als fünfzig bedeutenden Erfindern, Forschern oder Nobelpreisträgern wie zum Beispiel Albert Einstein, Alfred Nobel, Thomas Alva Edison oder Liu Xiaobos.